새벽을 여는 사람들 · 1

●

한우기 시집

| 시인의 말 |

교정을 떠나온 지 반백년
인생의 뒤안길에서
세상 모든 어려운 시절 행복한 꿈
막노동판의 힘든 생활을 마치고
저녁이 있는 삶
소주 한 병의 행복을 느끼며
산골 오두막집에서 홀로 잠들다
새벽에 잠 깨어
이면지 위에 몇 번이고 지우고 쓰기를 반복하며
언어의 퍼즐을 맞추어 나가며
한편의 시가 완성되고
독자들의 마음속을 헤아리며
외적 표현이 아닌 내면의 순수성을 담는
시인으로 거듭 태어나 사랑받고
가슴과 가슴으로 이어지는
감성적인 작품을 만들어가겠습니다.

2018년 3월
고운 한 우 기

| 추천사 |

새벽을 깨우는 순박한 노동자의 함성

임수홍
(주간 한국문학신문 · 월간 국보문학 발행인)

늘 꿈을 안고 살아가는 노동자 시인!
늘 약자의 입장에서 삶을 이야기하는 노동자 시인!
늘 변화하려는 꿈틀거림을 가슴속 깊이 간직한 노동자 시인!

한우기 시인이 이번에 시집『새벽을 여는 사람들』①, ②권을 동시에 세상에 선을 보인다. 2015년 12월에 산문집『나그네에게 길을 묻다』을 펴낸 후 2년이 지나 올 3월에 시집 두 권을 동시에 내는 저력을 보여주고 있다.

늘 노동하는 사람들을 대변하는 자칭 '노동자 시인'이라 자신 있게 말을 하고 있는 한 우기 시인은 새벽에 선잠을 깨고 일터로 달려가는 노동자이다. 그래서 진실한 노동의 참다운 값어치를 누구보다 더 잘 알고 있다.

　노동현장에서 보고 느낀 삶의 언어들로 이야기하는 한우기 시인의 시를 보면 계절마다 특색이 있다. 그동안 살아온 시인의 삶의 애환이 한 폭의 수채화처럼 그려져 있다. 눈으로 읽어보면 표피적인 이야기 거리로 생각할 수 있지만, 그 이면에 숨어있는 인생의 기쁨과 슬픔, 그리움과 기다림 등 삶의 한복판에서 부대끼며 치열하게 살아온 순박한 노동자의 진실을 알게 되었을 때의 감동은 말로 표현할 수가 없다.

　우리는 흔히 '현실에서 이성보다 감성이 앞선다'고 말을 한다. 왜냐면 시인의 삶을 압축한 시詩가 감성을 바탕으로 해서 태어난다는 것은 누구나 아는 사실이고, 감성이 무디면 좋은 시가 태어나지 않는다는 것도 잘 알고 있기 때문이다.

　이번 한우기 시인의 시집 『새벽을 여는 사람들』①. ②권은 보통사람들의 이야기 같지만 평범함이 아닌 삶의 질곡이 어우러져 있는 노래이기에 독자들에게 자신 있게 추천하고 싶다.

/ 차례 /

제1부   저녁이 있는 삶

바람이 머물다 간 자리　　／12

눈 내리는 아침　　／14

신호수　　／16

저녁이 있는 삶　　／18

굴삭기 찬가　　／20

잡부 인생 · 1　　／22

낮달 · 1　　／24

달빛이 내리던 날　　／25

인연　　／26

낙엽이 지다　　／27

生의 여로 · 1　　／28

설국을 꿈꾸며　　／29

아이야 어서 나와　　／30
하늘나라로 가자구나

Contents

제2부 지지 않는 꽃

홍시 / 34

매미 · 1 / 36

복숭아(백도) / 37

지지 않는 꽃 / 38

들국화 연정 / 40

농부의 마음 · 1 / 41

가을을 떠나보내며 / 42

달맞이꽃 · 1 / 43

동행 · 1 / 44

갈대꽃의 순정 · 1 / 46

아버지가 그립습니다(상) / 47

아버지가 그립습니다(중) / 48

아버지가 그립습니다(하) / 49

겨울 햇살 / 50

/ 차례 /

제3부 　 바보 같은 사랑

꽃 무릇(상사화) · 1 　　　 / 54

메밀꽃이 지다 · 1 　　　 / 55

해후 · 1 　　 / 56

오월의 끝자락에서 　　 / 57

내 인생에 가을이 오면... 　　 / 58

코스모스의 향연 · 1 　　 / 60

무갑산에서 　 / 62

참새와 허수아비 · 1 　　 / 64

바보 같은 사랑 · 1 　　 / 66

가을이 오는 길목 · 1 　　 / 68

행복한 아침 　　 / 70

고추 · 1 　　 / 71

코스모스 　 / 72

산안개 · 1 　　 / 73

Contents

제4부   태양은 다시 떠오른다

태양은 다시 떠오른다   / 76

향수 · 1   / 80

무궁화 꽃 · 1   / 82

추억의 수학여행   / 84

잡초 인생 · 1   / 86

눈 내리는 밤   / 88

장미 · 1   / 89

거미줄 · 1   / 90

숲으로 가자 · 1   / 92

백합 · 1   / 93

소녀의 상을 위한 서시 · 1   / 94

개나리꽃 · 1   / 96

유월이 오면 · 1   / 98

꼭짓점 · 1   / 99

/ 차례 /

제5부 　 사랑이라는 이름으로

연꽃(수련) · 1 　　　 / 102

도라지꽃 　　　 / 103

접시꽃 당신 · 1 　　　 / 104

단 하루를 살더라도 　　　 / 106

이화(배)꽃 　　　 / 109

광화문 연가 　　　 / 112

능소화 연정 · 1 　　　 / 113

사랑이라는 이름으로 · 1 　　　 / 114

고백(사랑) 　　　 / 116

가을편지 　　　 / 118

을왕리 해변에서 　　　 / 119

해우 　　　 / 120

해바라기 꽃 · 1 　　　 / 122

새벽을 여는 사람들 　　　 / 123

뒤돌아보지 말고 가자 　　　 / 124

찔레꽃 　　　 / 126

포도 　　　 / 127

제1부

저녁이 있는 삶

바람이 머물다 간 자리

동토의 땅에도
귓볼이 따뜻해지는
훈풍이 불어옵니다
바람이 머물다 간 자리에는
노오란 새싹이
빼꼼이 고개 내밀며
새 봄의 인사를 합니다

작열하는 태양
녹음의 물결 속에
바람조차 머물 수 없어
가만히 숨죽여
스쳐 지나갑니다

가을의 햇살이 사라지고
갈대의 언덕에는
또 다른 생을 재촉하며
먼 길을 떠나자고
손짓하며 지나갑니다

낙엽의 비행이 끝나갈 무렵
겨울바람은

하얀 눈 꽃송이로
소리 없이 찾아와
포근한 솜이불을
덮어주며
잠시 머물다 갑니다.

                              2017. 12. 07.
                      눈 덮인 오두막에서

눈 내리는 아침

어두운 새벽하늘이
분주하게 흐느적거린다

아무도 찾지 않는 길
길가의 가로등마저도
쉼 없이 쏟아지는 눈송이에
깜박이며 졸고 있다

뽀드득 뽀드득
아무도 가지 않는 길에
나 홀로 걸으며
첫 발자국을 남긴다

온 세상의 모든 것
나의 애마마저도
두터운 솜이불에 덮여
깊은 잠에 빠져든다

머리위에도
눈썹 사이에도
매몰차게 내려앉아
소복이 쌓인다

순백의 마침표
백치 아다다의 미소처럼
눈 내리는 아침의
해맑은 소망의 길을 걷다

                                  2017. 12. 10
                       눈 내리는 아침 마을길로 나서며

신호수

머리에는
빨간 헬멧을 쓰고
한 손에는
신호봉
또 한 손에는
무전기를 부여잡고
라게. 라게(올리세요)
트라게. 트라게(내리세요)
안전하게
물건을 내리기 위해
앵무새처럼
반복을 한다

두 주먹 꼬옥 쥐면
멈추세요
앞조차 볼 수 없는 기사와
왼쪽으로
오른쪽으로
직진
후진
눈빛과 수신호로

호흡을 맞추며
현장의 안전 지킴이
신호수는
삐에로처럼
분주하게
걷고 또 걷는다

2017. 12. 14.
보람찬 일터에서

저녁이 있는 삶

붉은 저녁노을
숨바꼭질 하듯
서산마루에
걸려있다.

벽난로 장작불의
따스한 온기가
집안 가득 전해져 오고

달빛 환한 미소는
창문 틈 사이로
빼꼼히 고개 내밀고

하늘에는
미리내 별들이
너울너울 춤추며
흘러갑니다

가족이란 이름으로
도란도란 모여 앉아
하루를 되짚어 보고

삶의 고단함과
또 다른 내일을 위해
달콤한 커피향 그윽한
찻잔을 비워내고

평화롭고
따듯한 꿈이 있는 삶

희망이
넘쳐나는 삶

저녁을 기다리는 삶을
꿈꾸렵니다

2017. 12. 17
저녁이 있는 삶을 꿈꾸며

굴삭기 찬가

경사진 비탈길
레일 위로 전진하며
새로운 산길을 만들어내고

커다란 바가지로
흙을 퍼 올려
트럭에 가득 채워
실어 보낸다

집게가 달린 바가지
유압의 힘으로
커다란 돌덩이도
사뿐히 들어 올려
차곡차곡
석축을 쌓는다.

문명의 이기 굴삭기
사람의 힘을 필요치 않고
무슨 일이든
해결하는 굴삭기

오늘도 나는
너의 경이로움에
찬사를 보낸다

　　　　　　　　　　　　　2017. 12. 28.
　　　　　　　　　　　굴삭기와 함께 일을 하며

잡부 인생 · 1

새벽을 여는 사람들
그 이름은 잡부 인생이다

기능공이 아니라
서러운 사람들
작업현장에서
온갖 일을 도맡아 하는 인생

오전 내내 이곳저곳에서
부르는 소리 아저씨
이것 좀 저것 좀 해주세요
빗자루질에 삽질까지
망치질 폼 쌓기 정신없이
땀 흘려 일하다 보면
어느새 점심시간
달콤한 시간의 흐름도
잠시 피워 문 담배가
꺼지기도 전에
일재촉에 허둥댄다

오후 5시면 작업 끝내고
고단한 몸을 이끌고

받아 든 10만 원 지폐에게
감사를 느끼며
기울이는 쇠주잔에
내일을 기약하며
귀가를 서두르는
내 이름은 잡부 인생이다

낮달 · 1

어두운 밤이 찾아오면
환하게 빛을 밝히며
길손의 발걸음을
재촉하던 달님

동녘 하늘이
붉게 물들어 오면
어두움을 밝히려는
햇살이 눈부심 속으로……

아직도 못다한 사랑
하얗게 질려 버린 얼굴로
서쪽 하늘에
덩그러니 걸려 있다

밤새 그리움을
가슴에 아로 새기며
반짝이던 별빛 사이로
사라져 간다

2018.01.10 02.00
새벽을 기다리며

달빛이 내리던 날

어두움은
속절없이 찾아오고

창문 틈 사이로
커다란 호박 덩어리 하나
잔잔한 미소를 지으며
나를 향해 손짓을 한다

환하게 웃는 달빛에게
삶의 고단함을
숨죽여 속삭인다

달빛에 비추어진 민낯
초승달처럼
초췌해진 육체
서설 위에 남겨진
무수한 발자국들

삶의 흔적을 찾아
한 걸음 한걸음
하늘 계단을 향해
걸어가 보자

2018.01.28일
새벽 달빛을 보며

인연

바람은
나무에게
귓속말로 속삭입니다
이제는 인연의 끈을
놓아버리라고

나무는
가지 끝에 애처롭게 매달린
마지막 잎 새 마져도
지란지교를 꿈꾸며
세찬 비바람에
인연의 고리를
놓아줍니다

겨울을 재촉하며
추적추적 내리는 가을비
나무에게 속삭이며
봄을 기다리는 마음으로
흩어진 낙엽으로
스치고 지나갑니다

    2017.11.30. 11월의 마지막 밤을 맞으며

낙엽이 지다

산이 불타오릅니다
한여름 작렬하는
태양의 이글거림
한 폭의 수채화처럼
검붉은 색 옷자락을
펼쳐 입습니다

휘이잉
늦가을 찬바람은
매몰차게 불어옵니다

마지막 남겨진 잎새들
파르르 몸을 떨며
둥지를 떠나
바람과 함께
가을의 여행을 떠납니다

2017. 11. 03. 가을의 쓸쓸한 마음을 달래며

生의 여로 · 1

잔잔한 바다 위로
희망의 배를 띄우며
麗明의 아침의 맞이하려는
어부들만의 바다를 보았습니다.

사나워진 파도
몰아치는 폭풍우는
고요함의 적막을 깨어버리고
희망은 산산이 부서져 버리고
생존을 위해 몸부림치며
하나님을 원망하던
그런 바다도 보았습니다.

죽음의 고통과
몸부림으로부터 벗어나
만선의 기쁨을 가득 채우며
안식처를 향하여
주를 찬양하며
귀선 하려는 기쁨의 바다도 보았습니다.

설국을 꿈꾸며

달빛마저도
구름 속에 몸을 숨기고
어두운 하늘 아래
은빛 축제 설국이 열린다

대지위에는
어머니의 따스한 손길로
한땀 한땀 하얀 솜이불에
수를 놓는다

앞마당 예쁜 강아지
처음 맞이하는 눈송이에
목줄마저 풀어제치고
이리저리 나뒹군다

지붕 위에도
나무 위에도
소복이 쌓여
세상을 온통
순백으로 물들이며
설국의 아침을 꿈꾼다

2017. 11. 24. 눈 내리는 밤에

아이야 어서 나와
하늘나라로 가자구나

아이야! 어서 나와 하늘나라로 가자
꽃들이 시샘하여 너희를 차가운 바닷속으로 보냈느냐?
더럽고 추악한 세상을 원망하며 세상 밖으로 나오기가 싫터냐?
아름다운 세상을 꿈꾸며, 꽃다운 나이에 304명이라는 생명체가…
집 떠나던 날…
다시는 돌아올 수 없는 길목을 서성이며…
차갑고 어두운 바다 밑에서 벌써 140여 일…
차가움과 죽음의 공포와 사투를 벌이던 나날들…
이제는 시신조차 볼 수가 없구나…
아이야 이제는 고통과 악몽을 훌훌 털어버리고 세상 밖으로 나와
하늘나라로 가자구나
이제 대한민국은 더 이상의 너에 조국이 아니다.
하늘도, 바다도, 어른들도, 모두가 미쳐버렸다.
살아남은 자들 마저도
그날의 악몽 때문에 몇 번이고 잠에서 깨어 동무들의 이름을 불러보지만
돌아오는 것은 공허함뿐이란다

먼저 간 이들이 저 하늘나라에서 손을 내밀고 있지 않느냐?
어서 나와 하늘나라로 다정스럽게 손잡고 가자구나.
현실은 그날의 아비규환으로 혼돈속에 갇혀버렸고...
어른들의 눈은 모두가 썩은 동태 눈 뿐이고
어른들의 귀는 소귀에 경읽기에 불과하고
어른들의 입은 양심을 잃은 꿀 먹은 벙어리이고
어른들의 눈물은 위선의 눈물이구나
어른들의 머리통 속에는 이기주의와 무사 안일주의로 가득 차 있고
책임을 회피하려는 위정자들은 그대들의 죽음을 한낱 해상 교통사고라고 치부한다.
이것이 그대들이 떠난 대한민국의 현주소란다
그래 이 더럽고 추잡한 세상 다시는 보지 않으려고 꽁꽁 숨어있는지도 모른다
더러는 하늘나라로 먼저 떠나갔지만...
아! 세월호야! 너는 무심히도 바닷속에 오래도 있구나......
기다림에 지쳐 통곡하는 이들에게
진실에 종을 울려주지 않는 대한민국은 더 이상 너의 조국이 아니란다.
어서 나와. 울지 말고 두려워하지 말고 하늘나라로 가자구나!

제2부

지지 않는 꽃

홍시

낙엽은 바람결에
겨울여행을 떠나고

뜰 악 감나무에
연분홍 홍시가
주저리주저리 달려있다

섬섬옥수
어머니의 손길에
채반 위에 수북이 담겨
광목 보자기에 저미어지고

앙상한 가지 위에
마지막 남겨진 홍시 하나
까치의 겨울 양식으로
남기어진다

기나긴 겨울밤
도란도란
화롯가에 모여 앉아
홍시 한입 베어 무니

어머님의 젖무덤처럼
달콤한 젖내음에 취해
스르륵 스르륵 잠이 듭니다

                    2017. 10. 31.
            시월의 마지막 노래를 부르며

매미 · 1

동네 어귀 고목나무에
매미가 운다

여름의 끝자락을
부여잡고 힘껏 목청을
높여 무더위를 식힌다

7년이라는 인고의 시간을 뚫고
허물을 벗으며 하늘 높이 비상한다.

힘찬 날개짓을 하며
이곳저곳에서 맴맴 쓰르륵
높은 데시벨로 울부짖는다

마지막 죽음의
그림자가 찾아오기 전에
그리 도 슬프게 우는가 보다

또 다른 7년을 기약하며
땅속 어둠 속으로
자취를 감춘다

2016. 07. 31

복숭아(백도)

하얀 고깔 고이 접어
나빌레라!

새악시 볼처럼
붉으스레한 두 개의 곡선

한입 베어 무니
그 맛 또한 일품일세

무릉도원 신선들이
감탄하여 노닐 적에
그 맛 못잊어
승천을 아니할세

지지 않는 꽃

가녀린 한 떨기 꽃
피워보기도 전에

정든 땅 고향산천
생이별을 하고

이억만 리 머나먼 길
낯설고 물 설흔 땅에

하늘의 보름달이
수많은 윤회를 하고

십자성 저 별빛은
어머님 얼굴

속절없이
찾아오는 낮과 밤

군화 발에 짓밟혀지고
산산이 부서지는
청춘의 꿈이여
나는 지지 않는 꽃

하늘을 우러러
한 점 부끄럼 없기를
이는 바람에도
흔들리지 않는
나는 바람의 꽃

저물어가는 생
마지막 촛불이 되어
슬픈 역사의 한을
태우렵니다

2017. 10. 12일
마지막 촛불의 기림

들국화 연정

만추의 쪽빛 하늘
황금빛 벌판에서
짙어가는 가을의 정취를
온몸으로 느껴보자

촉촉이 젖어드는
쑥부쟁이의 향기
하늘거리는 꽃무리
바람결에 밀려오는 꽃내음

벌들의 마지막을 향한
날개 짓 마져도
달콤한 꽃향기에 취해
잠시 머물다 가고

찬 서리 매몰찬 바람결에
마지막 꽃잎을
떨구기 전에
너의 향초로움에
온몸을 적시며
목 놓아 불러보자
들국화 연정을.......

2017. 10.30. 들길에 핀 쑥부쟁이를 그리며

농부의 마음 · 1

새벽을 알리는 닭울음소리에
부시시 잠 깨어 밭을 향해
분주히 발걸음을 재촉한다

간밤에 훌쩍 자란 채소들…

농부의 발자욱 소리에
화들짝 잠 깨어
기지개를 켠다

따사로운 아침햇살
살랑대는 바람소리
새벽의 신선한 공기를 마시며
내 사랑스런 자식들은
오늘도 무럭무럭
잘도 자란다

2017.10.09.
한글날 아침을 열며

가을을 떠나보내며

하늘에 외로운 초승달
새벽이 오는 소리에
깜박이며 졸고 있다

추적거리며 내리는
가을비는
겨울을 재촉하며
지붕 위에
연실 노크를 한다

지는 낙엽은
바람결에 날리우며
가을비처럼
대지위에 널브러 진다

앙상한 가지 위에
마지막 남은 잎새마저도
늦가을 애잔한 사랑처럼
허공을 가로지르며
마지막 비행을 준비하며
숨죽여 속삭인다
또 다른 인연을 기다리며……

                    2014. 11. 13. 가을비 내리는 밤에

달맞이꽃 · 1

서산마루에 걸린
붉은 노을

밤이슬 소리 없이
풀잎에 내려와 앉는다

그리운 님 기다림에 지쳐
노란 입술 지긋이 깨물며
그저 웁니다

동쪽 하늘 떠오르는 보름달
황금빛 들녘을
환하게 비추며 가로지를 때

수줍어 말 못 하고
빼꼼히 고개 내밀어
하늘을 향해
너울너울 춤추며
환한 미소를 짓는다

2017. 10. 06. 새벽을 열며

동행 · 1

삶은
인생의 수레바퀴
꼬불꼬불
흙먼지 풀풀 풍겨내는
신작로 길을 걷기도 하고

삶은
쭉쭉 뻗은
질주본능의
아스팔트 위를
달리기도 한다

길 떠나기 전
미련. 욕망. 후회. 좌절감
불안. 초조감
모두 내려놓고
마음을 비우고
흐르는 물길을 따라
우리 함께 가보자

높은 곳에서 낮은 곳으로
자연의 순리에 순응하며
두 손 꼭 잡고 동행을 하자

때로는
거침없이 휘몰아치는
소용돌이처럼
우리가 가야 할 길을
박차고 달려가 보자

막히면 돌아갈 줄 아는
지혜로운 삶
비워도 채워지지 않는
삶이 올지라도
우리 함께 채우며
인생이란 멋진
고갯길을 넘어가 보자

> 2017. 09. 29.
> 새벽을 열며

갈대꽃의 순정 · 1

하늘정원 언덕 위에
보름달처럼 하얀
갈대꽃에 가을바람이 분다
애잔하게
갈대는 흐느껴 웁니다

밤새 내리는 찬이슬
머리에 한 짐 가득 지고
눈꺼풀 가눌거리며
새벽잠을 청한다

새벽을 알리는 첫닭이 울고
눈부신 가을 햇살에
툭툭 털고 일어나
배시시 웃으며
아침을 노래한다

하늘정원에 해가 저물고
무거워진 발걸음
지친 나그네에게
잠시 머물다 가라
넘실대며 손짓을 한다

2017. 09. 27. 새벽을 맞으며

아버지가 그립습니다(상)

봄이면
이른 새벽 논밭에 나가
소 몰고 쟁기질에
파종을 하고
막걸리 한 대접에
허기진 배 고래를
채우시던 아버지

가뭄과 기근이 오면
보릿고개 석삼년에
초근목피로 연명하고
아홉 식구 포도청에
조당수 한 그릇
그득 채워주시던
내 아버지가 그립습니다

2017. 09. 24. 잠 못 이루는 밤에

아버지가 그립습니다(중)

신명나는
벼 타작 한 마당이 시작되고
탈곡기 흥겨운 가락 소리에
연실 볏단을 이리저리 뒤집는다
마지막 도리깨질에 아버지와 내가
장단을 맞추어본다

가을걷이가 끝나도
텅 빈 곳간과
비어있는 쌀독

철 지난 들판에 서있는
허수아비처럼
어깨가 축 쳐진 채
허허 너털웃음을
지으시던
내 아버지가
그립습니다

아버지가 그립습니다(하)

추운 겨울 이른 새벽에
땔나무 한 짐 지게에 지고
어두운 밤길에도
장터를 향해 집을 나선다

한 손에는 봉짓 쌀
또 한 손에는
검정 고무신 한 켤레
집으로 돌아오시는 길에

장터 길목에 늘어선
선술집 작부들의
구성진 노래 가락과 유혹에도
눈길 한번 안 주시고
우리 칠남매 끼니 걱정에
발길을 재촉하시던
내 아버지가 그립습니다

2017.09.26. 새벽을 열며

겨울 햇살

해는 벌써
중천에 걸려 있다

지하에는
여전히 동장군의 맹위를 떨쳐
손가락 마디마디가
바늘로 콕 콕 찌르듯
아픔이 밀려온다

중식 후 지상에서
겨울 햇살을 만나다
얼어붙은 눈을 녹여
폭포수처럼
요란스럽게 떨어진다

봄을 알리려는 전령처럼
내 곁에 잠시 머물며
꽁꽁 얼어붙은
손등 발등에
따스한 온기를 전해준다

눈부신 겨울 햇살의
포근함에
어느새 끄덕끄덕
졸음이 찾아든다

2018.01.17
겨울 햇살의 따사로움을 느끼며

제3부

바보 같은 사랑

꽃 무릇(상사화) · 1

하늘을 향해
그리움에 나래를 펴고

내 모습 잊어버린
담장 넘어 그리운 님

속절없는 기다림에
기린목이 되었구나

그리움에 울다 지쳐
심장마저 갈래갈래
선혈이 낭자한
꽃잎으로 맺혀지고

아! 그리운 님이시여!
나 보기가 역겨워
가실 때에는
사뿐히 즈려밟고
가시옵소서

2017.09.21 새벽을 열며

메밀꽃이 지다 · 1

봉평 하늘에
오늘도 커다란
보름달이 걸려있다

구름이 달과 어우러져
숨바꼭질하는 사이

너른 고을 들판에는
새하얀 소금꽃이
무수히 피어오른다

달마저 서쪽하늘로
자취를 감추고 나면
따사로운 가을 햇살에
푸르던 잎 시들고
마디마디
열매가 익어만 간다

툭 투드득
떨어지는 알갱이는
밥상머리 한가운데
자리를 잡는다

해후 · 1

바람이 머물다 지나간 그 자리에
머나먼 세월의 길을 돌아
오늘 그 자리에
내가 있고 그대가 서있습니다

잊혀진 줄 알았던
가슴 저미는 추억들
산산이 부서져 내리는
서러움에 눈물마저도
흘릴 수 없습니다

이 밤 또한 지나가리라
새벽 첫닭 우는소리에
말없이 돌아서
눈시울을 붉히며
이별의 길모퉁이에
덩그러이 놓여진
쓰다만 편지처럼
이별의 아픔을
마시는 한잔 술에
시름을 짓는다

2017. 10. 07. 기다림의 해후를 맞으며

오월의 끝자락에서

형형색색
꽃이 핀들 무엇하랴?
화무 십일홍 인걸

새 생명 심어놓고
낙화유수 하니

계절의 여왕
5월은 속절도 없이 가고

짙어진 초록빛 바다의
희망의 물결이
넘실대며
대지를 적신다

내 인생에 가을이 오면...

내 인생에 가을이 오면
자신에게 물어보렵니다
이른 봄에 파종을 하고
이가을에 수확의 기쁨을
누릴 수 있을까?
숨죽여 물어보렵니다

내 인생의 가을이 오면
가슴속 연못가에
비움과 채움으로
황금빛 벼이삭을
수확하는 기쁨을
맞이할 수 있을까?
가슴에 손을 얹고
조용히 물어보렵니다

내 인생의 가을이 오면
푸른 하늘 높이 비상하는
독수리의 기상으로
삶의 가치를 깨달으며
인생을 살고 있나
묻고 싶습니다

내 인생의 가을이 오면
부서지는 청춘의
벽을 바라보며
마음의 문을 활짝 열고
모든이와 소통하고
미움을 버리고
용서를 구할 줄 알고
모든이를 사랑하며
살았는가 묻고 싶습니다

코스모스의 향연 · 1

높고 푸른 가을 하늘
하늘정원에
코스모스의
향연이 펼쳐진다

미리내 별만큼이나
별 하나 나 하나
별 둘 나 둘
코스모스 하나
나 하나
셀수조차 없이
무수히 피어나
자랑질이다

보여줄 것 없는
볼품없는 들꽃

무리 지어
하늘거리며
소슬바람에
춤추는 군무

길손의 발걸음을
붙잡아 놓고
물끄러미
꽃들의 향연에
심취를 한다

2017.09.06.
오후 늦은 밤에

무갑산에서

졸졸 흐르는 계곡 물소리는
말없이 흘러
어느덧 한강의 물줄기로
가로질러 흐른다
우뚝 선 광주의 태산
무갑산은 길손을
반가이 맞이한다

등 뒤로 흐르는 땀방울
흠뻑 적시며 길을 재촉하고
힘들면 쉬었다 가라고
무갑산 물빛 봉선화는
나를 유혹한다

좀 더 오르니
우거진 수풀 사이에
매방울이 덜렁
놀란쟁끼 푸드덕 날아오르고
꿩애병아리는
꽁지만 내어놓고
숨바꼭질한다

다람쥐는 작년에 감추어둔
먹이를 찾아 분주히 움직이고
살모사 한 마리는
가느다란 혓바닥을 낼름거리며
사람을 경계한다 -

산 중턱에 올라
코끝을 자극하는 산더덕 내음
초고추장 밥 생각이 절로 난다

하늘과 맞닿은 듯 정상에 오르니
발아래 펼쳐지는
탁 트인 사방천지
바위에 걸쳐 앉아 심호흡
세상사 모든 시름 걱정
허공에 흩날리네

참새와 허수아비 · 1

논둑길 한가운데
밀짚모자를
깊게 눌러쓰고
외롭게 서 있는
허수아비 할아버지

누렇게 고개 숙인 벼이삭
불어대는 갈바람에
무게를 못 이겨
졸고 있다

애타는 농부의 마음은
노심초사
두 눈 부릅뜨고
딸랑딸랑
빈 깡통 두드리며
훠이 훠이
줄을 흔들어
참새들을 몰아본다

참새는 무리 지어
잘 익은 벼이삭을

부리로 쪼아
바닥에 떨군다

망잽이 참새 한 마리
논 할아버지
모자 위에 살며시
내려앉아
요리조리 살펴보며
할배 코를 쪼아 본다

2017. 9. 6 새벽을 깨우며

바보 같은 사랑 · 1

바보는
두 사람, 세 사람, 네 사람을
동시에 사랑할 줄 모릅니다
오직 한 사람을 위해
헌신적으로 매달립니다

바보는
거짓과 위선으로
사랑을 꾸밀 줄도 모릅니다
보기에는
어리석고 한심해 보여도
그저 있는 그대로
사랑하는 사람에게
조용히 다가갑니다

바보는
세상에 단 한 사람
그 사람만 바라며
살아갑니다
마음이 변하거나
배신하지 않습니다

바보 같은 사랑이 있기에
이 세상은 그저
아름답기만 합니다

가을이 오는 길목 · 1

고즈넉한 산사의
풍경소리는
소슬바람에
인경을 알리고

밤새 울던
풀벌레 소리와
시끄럽게 울던
매미의 작별인사로
자취를 감추었다.

작은 숲 속 둘레길
촉촉이 맺힌 이슬
가을바람에
소스라쳐 놀라
대지위로 나뒹굴고

푸른 하늘은
끝없이 높아만 간다

하늘거리는 코스모스
가을바람에 살랑대며
뭇사람을 유혹한다

황금빛 들판
추수를 기다리는 농심
고개 숙여
가을의 노래를 부른다

행복한 아침

부시시 눈 비비고 일어나
맞이하는 아침
커튼 사이로 비춰지는
따스한 한줄기 빛
참으로 행복한 아침입니다

어쩌면 너무 익숙해진 삶
내일을 기다리는 희망으로
행복을 꿈꿉니다

행복이 따로 있나요
서로의 안부를 물을 수 있음에
감사드리고
서로 소통할 수 있음에
감사드리죠
행복한 웃음으로
소중한 인연이 되어주신 당신

고맙습니다!
감사합니다!
사랑합니다!
내일 아침에도
행복 바이러스 가득
채워 드리렵니다

고추 · 1

가냘픈 몸매는
지지대를 벗 삼아
하늘을 향해
두 팔 벌려 자라고

푸른 잎사귀 뒤에는
소중한 보물 두 자루를
숨겨 두었더라

푸른 자루 속에는
은화로 넘쳐나고

빨간 자루 속에는
금화를 가득 채우고

수확의 땀방울은
환한 미소를
머금는다

초가집 지붕 위로
태양을 어우르는
태양초가 그득하다

코스모스

여름을 즐기던
매미들의 마지막 합창

파란 하늘 밑
빨강 분홍 하양 물결이
군무를 시작한다

고추잠자리를 부른다
바람을 부른다
가을을 불러 모은다
쪽빛 하늘마저도
그들의 유혹에
살포시 내려앉아
사랑을 속삭인다

산안개 · 1

비 개인 오후
천상의 나래를 펼쳐 놓은 듯
산허리 부여잡은
너른 골짜기 사이로
너울너울 춤추며
아래로 아래로 줄달음치네

비 개인 오후
선녀의 옷자락이
바람결에
나풀거리며
하늘을 향해
비상을 하고
사막의 신기루처럼
사라져 간다

제4부

태양은 다시 떠오른다

태양은 다시 떠오른다

거지에게 생일날 없고
도둑에게는 양심이 없다.

열심히 일하는 사람에게는
밤과 낮이 없고

참되게 사는 사람에게는 두려움이 없다.

그리고 실직자에게는
봉급날이 없듯이…

게으른 사람에게는
돌아오는 것이 없다.

어리석은 개미는
자신의 몸이 작아서

사슴처럼 빨리 달릴 수 없음을
한탄하지만!!!

똑똑한 개미는 자신의 몸이
작아 사슴의 몸에 붙어

달릴 수 있음을 자랑으로
생각한다.

어리석은 사람은

자신의 단점을 들여다보며
슬퍼하고…

똑똑한 사람은

자신의 장점을 찾아내어
자랑한다.

화내는 얼굴은
아는 얼굴이라도 낯설고

웃는 얼굴은

모르는 얼굴이라도
낯설지 않다.

찡그린 얼굴은
예쁜 얼굴이라도 보기 싫고

웃는 얼굴은

미운 얼굴이라도
정말 예쁘다!!!

고운 모래를 얻기 위해서는
고운체가 필요하듯…

고운 얼굴을 만들기 위해서는
고운 마음이 필요하다.

매끄러운 나무를 얻기 위해 잘 드는 대패가 필요하듯이

멋진 미래를 얻기 위해서는
현재의 노력이 필요하다.

욕심 많은 사람은

자기 연장을 두고
남의 연장을 빌려 쓴다.

그러다 자기 연장을
녹슬게 하고 만다.

어리석은 사람은

자기 혼자 힘으로 서지 않고
남에게 기대어 선다.

그러다 그만 자기 혼자 설
힘조차 잃고 만다.

동행이란 같은 방향으로
가는 것이 아니라

같은 마음으로
가는 것이다.

오늘도 S&K와 함께
화이팅!

향수 · 1
(나 돌아가리라)

내린은 말없이 굽이쳐 흐르고
흙먼지 폴폴 나는
굽이굽이 꼬부랑 십리길
한참이고 걷던 그곳으로
나돌아 가리라

휘몰아 가는 강물에
더위를 참지 못해
알몸을 내 던지며
참게랑 물고기 잡던 그곳
나만의 작은 쉼터 그곳으로
나 돌아가리라

골목 어귀
성황당 고목나무 근처에
정다운 옛 친구들
소꿉장난
술래잡기 고무줄놀이
말 타기에 하루해가
저물던 그곳으로
나 이제 돌아가리라

어둠이 내리기 전
호롱불 밝혀
초가집 툇마루에
옹기종기 모여 앉아
토담집 흙내음 안주삼아
막걸리잔 기울이던 그곳
옛 친구 찾아
나 이제 돌아가리라

무궁화 꽃 · 1

올해도 무궁화는
피어오릅니다

아침에 피어나서
저녁이면 시들어
지고 마는 꽃

은근과 끈기로
새롭게 피고 지기를
백여 일
하늘을 향해
환한 미소로
백의민족의 후손임을
아로새겨
피어오른다

겨레여!
진정한 광복을 위해
분연히 일어나자
맞서 싸워
진정한 광복을 쟁취하자

민족이여!
외세에 흔들림 없는
분기탱천으로
거친 파고를 넘어
오대양 육대주에
태극기 휘날리며
거침없는
진군의 나팔을
힘차게 불어보자

2017. 08. 15. (광복 72주년 아침에 부침)

추억의 수학여행

43년 만의 화려한 외출
밤새 설레임으로
뜬 눈으로 밤을 새우고
이른 새벽 비를 맞으며
하나, 둘……
광화문의 여명을 맞이한다

천년의 고도
경주를 가다
억 겁의 시간이 흐르고
반백의 흰머리는
세월의 무상함을 느끼고

인걸은 다 어디로 가버렸나
늦깎이 학생들의 재잘거림
어릴 적 친구들의 모습

어렴풋이
떠오르는 추억
담치기의 일탈

들커버린 소주병
호된 꾸지람
하나도 버릴 것 없는 추억

친구여
이른 새벽에
토함산에 오르며
사색에 잠겨본다

호연지기
얼마 남지 않은 시간
젊음과 열정으로
최선을 다하자꾸나

2017년 6월 10일 부침

잡초 인생 · 1

풀씨가 바람결에
날리어 옥토에 떨어진다
거친 농부의 손에
송두리 채 뽑혀 버려질
이름조차 없는 잡초여

모진 풍파 속에
척박한 대지위에
남몰래 내려와
뿌리를 내려도
아누도 찾지 않는
바람 부는 언덕에
홀로 핀 들풀이여
그대는 이름조차 없는
잡초인 것을

고단한 삶
의지할 곳 없는
지쳐버린 육신
찬이슬 비바람에

서러움이 찾아와도
인생역전
새봄은 또
내 곁으로 오지 않는가?

눈 내리는 밤

하늘문이 열린다
창밖 너머로
무질서하게 흩날리며
온 세상을 축복하며
흰색의 도화지를 펼쳐 놓는다

눈 내리는 밤
세상의 모든 죄악을
잠시나마 덮어 버리고

새하얀 순백의 마음을
가득 채워보자

동녘 하늘이
붉게 물들기 전까지
하얀 솜이불 덮고
고운 꿈나라로
여행을 떠나자

장미 · 1

파르르 떨고 있는
당신의 붉은 입술

정열의 첫 키스
요염한 자태

난 당신의 유일한 사랑
억겁의 세월이 흘러도
변함없는 순결함이여

장미
오늘도 당신은
날카로운 가시를 숨겨
질투의 화신으로
붉게 물든다

거미줄 · 1

명주실 실타래가
바람결에 날리운다
건너편 나뭇가지 사이에
포승줄처럼 휘감는다

밤새워 육각형의
오밀조밀한
그물망을 만들고
사냥감을 위한
덫을 만든다

밤이슬 살며시
내려앉아
아침이슬처럼 영롱하다

한낮의 태양이 작열하고
부나방처럼 곤충들이
생사를 향한 처절한
몸부림이 시작되고

마지막 몸부림이
멈추어지면

어느새 포식자는
먹잇감을 향해
어슬렁거린다

2017. 07. 31. 마지막 날에

숲으로 가자 · 1

숲 속 하늘정원
구불구불 오솔길
비가 내린들 어떠하랴
턱밑까지 차 오르는
거친 숨소리
세태에 찌든 때
모든 짐 내려놓고
가파른 언덕길이라면
잠시 머물다 가자

내리막길이라면
겁먹지 말고 가자
젖은 땀방울이
온몸을 감싸도
인생사 18홀 컵에
땡그랑 소리에
희열을 느끼며
쉼 없이 가자
숲으로 가자

2017.07.23. 강원도 홍천군 소재
힐링 숲 속 마을 개장식에서 씀

백합 · 1

빈 들에 홀로 핀
순결한 아가씨의
애틋한 향기로
홀로 걷는 저 나그네
유혹을 한다

가신님 기다림에
애끓는 마음
가녀린 꽃 입술 나풀거리며
벌과 나비
어서 오라 손짓을 하네

소녀의 상을 위한 서시 · 1

피워보지도 못한 꽃봉우리들
고향산천을 뒤로한 채

이역만리 타국 땅
일본군의 성노예로
몸은 더럽혀지고

나라 잃은 서러움에
밤마다 지옥 불길에
몸과 마음은
쇠잔해지고

조국의 독립을
손꼽아 기다려온 기나긴 세월

고향 들판에 핀
이름 모를 들꽃

하염없이 흐르는 눈물
엄습해오는 두려움

반겨줄 사람 없어
발길조차 떼지 못하고

숨겨진 과거
한 많은 인생
눈물로 부르는
홀로 아리랑

누가 이 꽃들에게
돌을 던지리오

겨레어!
슬픈 역사여!
상처의 아픔을
기억하고 추모하고
영면을 기려 봅시다

개나리꽃 · 1

무너져 내린 돌담장 사이로
노란색 한 폭의 수채화처럼
곱디고운 울타리를 만든다

우아하지도 못한 것이
화려하지도 못한 것이
고상하지도 못한 것이
산들산들 봄바람에
군무를 추며
벌과 나비를
불러모은다

시냇가 빨래터에
옹기종기 모여 앉은
동네 아낙네
고된 시집살이 멍든 가슴에
노란색 파스 한 장 선물을 하네

갈길 바쁜 나그네여
잠시 쉬었다 가라고
우물가에도 피어
손짓을 하고

꺾여도 부러져도
척박한 땅일지라도
새 생명을 잉태하여
꽃을 피우니
우리의 민족성을 닮아
삶이 무척 고단하구나

유월이 오면 · 1

유월이 오면
쏟아지는 포탄 속에
조국을 구하려
초개처럼
목숨 바쳐 지켜온
삼천 리 금수강산

꿈엔들 잊으리오
가신님들의 호국의 꿈

산자들이여
님들의 숭고한 뜻
가슴에 새겨 넣고
지켜내자
대한민국

2017. 6. 21.에 부침

꼭짓점 · 1

점 하나
점 둘
세 개의 점을 선으로 모아
삼각형의 꼭짓점을 만든다

어둠의 자식들은
죄악의 흔적을 감추려고
트라이앵글의 선을 지우려 한다

맨 위의 꼭짓점은
자신의 죄를 부정하고
모른 척 음흉한 미소를 짓는다

술래는 놀란 가슴을 쓸어 앉고
사라진 연결고리를 찾으려
동분 서주 한다

제5부

사랑이라는 이름으로

연꽃(수련) · 1

진흙 속에 진주처럼
아침이슬 채반에 모아
영롱한 무지개로
새롬 새롬 피어난
흰 백색의 순결한 수련화

부처님의 자비로움인가?
연분홍 꽃가마에
그윽한 향기로
중생을 구도하니
천상의 꽃이련가?
연못 한켠을 가득 채워
바람결에 일렁인다

2017. 07. 10
비 내리던 날에 잠 못이뤄씀

도라지꽃

심심산천
재 너머에
남몰래 피어있는
오방떡 꽃

오늘 오시려나
내일 오시려나
임 향한 일편단심

기다림은
기약조차 없고
해맑은 미소
영원한 사랑의
꿈이 영근다

접시꽃 당신 · 1

접시꽃
당신을 사모하는 마음에
담장 밑 양지쪽에
작은 씨앗 뿌려놓고
오매불망 기다림도
어느덧 두해

올망졸망
연분홍
하얀꽃
붉은색을 수놓으며
장다리처럼
훌쩍 커버린 당신

담장 넘어
오가는 이의
시선을 사로잡는 당신

해마다 찾아와
피고 지고
또 피우는구려

은근함과
끈기의 화신처럼
내일도
또 볼 수 있으려나
새로운 만남
기다림으로
남몰래 애태우는
내 마음은
접시꽃 당신을
사모합니다

단 하루를 살더라도

단 하루를 살더라도
하늘의 태양처럼
살으렵니다
천지를 개벽하는
광명의 빛으로
온 세상을 따스함으로
감싸주는 그런 삶을
살으렵니다

단 하루를 살더라도
구름처럼 살으렵니다
태양을 가리우고
이 땅에 빗줄기를 몰고 오는
먹구름처럼
두둥실 떠가는 나그네
발걸음 같은
그런 삶을 살으렵니다

단 하루를 살아도
달처럼 살으렵니다
어둠의 장막에

희미하게 실 낫 같은
작은 불빛으로
그런 삶을 살으렵니다

단 하루를 살아도
물처럼 살으렵니다
억 겁의 세월이 흘러도
변함없이
새로운 세상을 향해
질주하는
그런 삶을 살으렵니다

단 하루를 살아도
바람처럼 살으렵니다
머무는 자리도
흔적도 남김없이
세상 이 곳 저곳을
거침없는 삶을 살으렵니다

단 하루를 살아도
바위처럼 살으렵니다
천년의 세월
모진 풍파에도
우직함으로
변하지 않는
그런 삶을 살으렵니다

단 하루를 살더라도
꽃처럼 아름다운
삶을 살으렵니다
뭇사람의 사랑과
시선을 머물게 하고
화려하고
밝은 세상을 꿈꾸는
그런 삶을 살으렵니다

이화(배)꽃

이화에 월백 하니
목 그림자 드리운다

가는 봄 아쉬움에
새 생명을 잉태하고

부는 봄바람에
낙화유수

섬섬옥수
고운 손에
고이 접어
나빌레라

나는 막노동판의 노동자 시인이다
천만 노동자의 귀와 눈이 되어
노동의 신성함과 땀 흘림의 댓가로
하루하루 살아가는 서민이다
틈틈이 글을 쓴다

자연을 바라보고
꽃을 보고 언어의 마술사로 산다
참다운 삶의 가치는 무엇이 옳은가
돈을 벌기 위해 선택한 길은 아니다
느낀 그대로 표현하고
조각조각 퍼즐을 맞추다 보면
작품이 나온다
가식이 아닌
언어의 영역은 참으로 어렵다
아직은 표현이 투박하고 어렵다
때로는 글 쓰는 것이 두렵다

문인으로 정치에 대하여
논한다는 것이 금기인 줄 압니다
하지만 대한민국은 침몰하고 있다

글 쓰는 것 잠시 멈춰도 변하는 것은 없다
나라가 있고 문학이 있고 시가 살아 숨 쉰다면
망설이지 말자
국민은 하늘이다
하늘의 선택이 이 나라를 구할 것이다

천만 노동자여!
수천의 문인들이여
올바른 선택으로
침몰하는 대한민국 호를
건져 냅시다

젊은 대한민국
미래를 향해
변화하고
개혁하는
작은 정부를 꿈꾸어 봅시다

광화문 연가

구국의 신념으로
백만의 촛불이 타오르다
꺼지지 않는 촛불

대한민국을 사랑함에
밤낮을 잊은 채
촛불의 연가는
흔들림 없이
거센 바람에도
꺼지지 않는다

민주주의 승화를 위해
오늘도 광화문에는
남녀노소가 하나 둘 모여
백만이백만의 축제로
오늘도 광화문 연가를 부른다

능소화 연정 · 1

봄부터 담장 위로 기어올라
어울렁 더울렁

분홍색 고운 자태로
세상 밖으로
살포시 고개 들어
화사함을 자랑하며
피어나던 능소화

그리운 님 기다림에
목조차 가눌 길 없어
담장 밑에 나뒹구는
통꽃의 비련

가는 여름이 야속하여
바람결에 날리운다

2017. 07. 02 비 오는 날에

사랑이라는 이름으로 · 1

푸른 하늘 높이
뭉게구름 피어나고
보일 듯 잡힐 듯
잡을 수 없었던
당신의 마음

두둥실 정처 없이
흐르는 강물처럼
억겁의 세월을
돌고 돌아
잠시 내 곁에 머물다
화살처럼
훌쩍 떠나버린 너

심중에 자리 잡은
사랑이라는 이름의
아름다운 성

모래알처럼
흩어져 버리는
너의 신기루를 향해

오늘도 난
큐피드의 화살을
쏘아 올린다

가슴속 깊이
요동치는 뜨거운 심장
목메어 부르는
사랑이라는 이름으로
내 영혼은
작고 여린 날갯짓으로
너에게로 간다

2017.09.03 새벽을 깨우며

고백(사랑)

그대와 처음 만남은
부담 없는 친구로만
만남을 약속하였습니다.

어느 누구에게도
손톱만큼도
내 마음을 열어주지
못하였습니다

밤마다
가슴 떨림으로
불면의 밤을 보내며
사랑의 열병으로
내 영혼 전부를
그대에게
빼앗겨 버렸는지
나 자신도 모릅니다

그대가 슬픔을 느끼면
내 마음도 우울해지고
그대가 행복한 모습이면

내 얼굴은 홍조로
물들어 버립니다

나는 매일
해바라기 되어 당신만 바라보고
내 영혼 깊은 곳에
그대를 향한
그리움은 감추어두고

운명처럼 다아온 그대를
내 작은 심장 안에
소중히 간직하고
한숨 호흡으로
지그시 눈감아
그대의 체취를
맡으렵니다

가을편지

쪽빛 하늘색 편지지에
새털구름만큼
못다 한 가을의 사연 담아
뭉게구름 우체통에 넣어 보낸다

붉은 낙엽 편지지로
내 삶의 고단함을 쓰고
가을 숲 영혼의 갈구와
목마른 나무의 숨결
새 생명을 위한 마지막 몸짓을 더한다

모진 광풍에
흩날리는
마지막 잎새의 절규들을 모아
이 가을이
가기 전에
가을의 순애보를 쓴다

을왕리 해변에서

하늘이 운다
을씨년스런 을왕리 해변가에
촉촉한 눈물을 뿌린다

바람이 운다
해송나무 사이로
윙윙거리며
슬피 울며 지나갑니다

삶에 지친 사람들은
목이 메어 웁니다
하늘도 울고
땅도 울고
바다도 울고
슬픔의 을왕리 해변가에서
나도 목 메어 웁니다

해우

높은 하늘 아래로부터
쉼 없이 바람이 붑니다
찬바람에 잠시 옷깃을
고쳐 세우고 눈가에는
시리도록 눈물이 흐릅니다

슬픈 가을의 노래를
불러봅니다
10월이 가기 전에
그대를 목메어 불러봅니다

가을이 가기 전에
가슴속에 묻어둘 것을
기억합니다
뒹구는 붉은 낙엽
노오란 은행잎
수많은 새털구름
고개 숙인 누런 벼이삭
만추의 보름달
애잔한 귀뚜라미 울음
농부의 넉넉한 함박웃음

만남을 위한 노래
이 가을이 가기 전에
우리는 버지니아 울프의
술잔을 기울이며
하얀 목마를 애타게
기다립니다

널브러진 낙엽 사이로
옷깃을 스쳐 지나가는
바람에 가을의 안녕을
겨울이 온 것을 느껴봅니다

해바라기 꽃 · 1

하늘을 애달파하고
햇님을 향한 일편단심

어둠이 찾아오면
사랑을 갈구하던
나래를 접고
내일의 기다림 속으로
고개 숙여 떨고 있네

한여름 폭염 속에도
뜨거운 사랑만을
갈망하더라

사랑의 결실은
태양을 닮은
새 생명을 잉태하고
부끄러움에
온몸으로
감싸 않는다

새벽을 여는 사람들

동녘 저편 먼동이 트기 전
인력시장으로 하나 둘
사람들이 모여든다
언제부터일까
언어가 통하지 않는
이방인의 세계에 내가 있다

생존이라는 높은 벽을
허물려고 여명을 밝힌다
너와 나는 한 몸
서로의 인격을 존중하고
서로를 격려하며,
안전한 귀가를 위해
마음의 문을 열어야 한다
어둠이 내리기 전
게으름 피우지 말고
무더위와 싸워야 한다

노동에 댓가로 쥐어진
지폐 몇 장에 희열을 느끼며
돌아가는 발걸음이 가볍다
내일 아침을 열어야 한다

2017. 09. 05 새벽에 글 수정

뒤돌아보지 말고 가자

인생 60을 살아오면서
세상에 첫울음으로 신고를 하고
배움에 대한 열정으로
만학도 꿈 때문에
놓쳐버린 취업기회
내 가족 하나 지켜내지 못하고
회한의 눈물을 가슴속에 묻어 저리고
막노동판 잡부로 전전긍긍

하늘나라로 사라지는
내 고향 소꿉친구들
그리움에 사무쳐
불러도 보지만
메아리처럼
되돌아오지를 않고
더 이상 되돌아보지 말자

시작이 있으면
끝이 있는 것이고
끝이 보이면
또다시 시작이 오는 법

오늘은
내일을 향해 줄달음 치고
어제는
멈춰진 시간처럼
되돌아오지 않는 법

내일을 향해
또 다른 내일을 향해
뒤돌아보지 말고 가자
뒤돌아보지 말고 가자

찔레꽃

해맑은 햇살
양지바른 돌무더기에
백옥의 물감으로
수채화를 그려놓고

향긋한 꽃내움은
여인의 향기처럼
달콤함이 새롭고

날카로운 가시
속내를 감추고
질박한 찔레꽃
시련의 세월을
거슬러 오르고

꽃이 지고 나면
오월의 하늘은
푸르름으로 거듭나네

포도

따사로운 봄볕
긴 터널 사이로 송글송글
연두색 알갱이가 자란다

탐스러운 검붉은색
이글거리는 태양
하얀 속살을 품다

맛깔스럽다
한입 베어 무니
아! 달콤함이여!

포도와인 한잔에
취기가 돌고
사랑하는이 두 볼에
홍조의 빛으로 상기된다

새벽을 여는 사람들 · 1

초판 인쇄   2018년 3월 24일
초판 발행   2018년 3월 28일

지은이   한우기
발행인   임수홍
디자인   맹신형

발행처   도서출판 국보
주 소   서울 강동구 양재대로 114길 32 2층
전 화   02-476-2757~8   FAX 02-475-2759
카 페   http://cafe.daum.net/lsh19577
홈페이지 http://www.korea-news.kr/
E-mail   kbmh11@hanmail.net

값 10,000 원

ISBN 979-11-86487-97-6

· 저자와의 협약에 의해 인지는 생략합니다.
· 이 시집의 글은 저작권법에 따라 보호를 받는 저작물이므로 저자와 출판사의 동의 없이는 무단 전재 및 무단 복제를 금합니다.

· 잘못된 책은 바꾸어드립니다.

「이 도서의 국립중앙도서관 출판예정도서목록(CIP)은 서지정보유통지원시스템 홈페이지(http://seoji.nl.go.kr)와 국가자료공동목록시스템(http://www.nl.go.kr/kolisnet)에서 이용하실 수 있습니다.(CIP제어번호: CIP2018008492)」